Erwin Moser
Der Rabe im Schnee

Inhalt

Das Schneeschloß *4* Die Hamsterhöhle *6* Käterchen Frost *8* Peppo Ziesels Erdhöhle *10* Wenzel, der Bär *12* Bogumil, der Zauberer *14* Ibrahim, der fliegende Hund *16* Die Seereise *18* Fridolin, der faule Kater *20* Der Katzenkönig *22* Bruno, der Bär, ist krank *24* Zirkus Katzurovsky *26* Der gelbe Fisch *28* Herr Uhu erzählt Gruselgeschichten *30* Onkel Pankraz-Wüstenkatz *32* Die Schiffbrüchigen *34* Die Räuberhöhle *36* Felix Pandabär *38* Das Haus der Bisamratte *40* Neun Mäuse haben sich versteckt! *42* Der Rabe im Schnee *44* Wenzel-Bär und Weihnachten *46*

Erwin Moser
Der Rabe im Schnee

Gute-Nacht-Geschichten

BELTZ
& Gelberg

Das Schneeschloß

Filibert und Alfons waren zwei Mäuse. Filibert hatte ein braunes Fell, denn er war eine Haselmaus. Und Alfons war eine ganz gewöhnliche Feldmaus, deswegen war sein Fell von grauer Farbe. Die beiden hatten einander vor zwei Jahren beim Beerensuchen im Wald kennengelernt. Seither waren sie dicke Freunde.

Im Herbst sagte Filibert zu Alfons: »Du, Alfons, ich muß mir ein neues Nest bauen. Mein altes ist schon sehr morsch. Es könnte bei dem starken Wind herunterfallen, und das wäre wirklich dumm. Hilfst du mir beim Bauen?«

»Ja, gern«, erwiderte Alfons. Filibert wollte das neue Nest an einem anderen Ort bauen. Er wußte auch schon wo! Auf der Wiese, am Fuße des Berges wuchs ein besonders prächtiger Haselnußstrauch. Dort wollte er in Zukunft wohnen. Die beiden Mäuse begannen unverzüglich mit der Arbeit. Alfons holte das Baumaterial herbei, und Filibert kletterte in den Strauch und flocht mit großer Geschicklichkeit das Nest. Nach ungefähr zwei Wochen war es fertig. Die beiden Mäuse waren sehr stolz auf ihr Werk. Das neue Nest war viel größer als das alte, und schöner war es auch. Ein paar Tage darauf fiel der erste Schnee. Da sagte Filibert zu Alfons: »Warum ziehst du eigentlich nicht zu mir? Platz habe ich genug! In deinem Erdloch im Feld muß es doch unheimlich ziehen?«

»Gute Idee!« fand Alfons und zog noch am selben Tag zu Filibert um. Die Wochen vergingen, und es wurde Januar. Es schneite sehr viel. Eines Tages packten die beiden Mäuse Proviant in ihre Rucksäcke und machten eine ausgedehnte Wanderung durch die weiße Landschaft. Als sie nach einigen Stunden heimkehrten, sahen sie etwas Entsetzliches! Während ihrer Abwesenheit war eine Lawine vom Berg niedergegangen und hatte den Strauch mit ihrem Nest unter sich begraben.

»Wie gut, daß ich noch mein altes Nest habe!« sagte Filibert und seufzte.

»Komm«, sagte Alfons Feldmaus, »ich möchte mir die Stelle ansehen, wo die Lawine angefangen hat!«

Die zwei Mäuse kletterten den Berg hinauf. Als sie schon ziemlich hoch oben waren, setzte dichtes Schneetreiben ein. Sie konnten kaum ihre Pfoten vor den Augen sehen, so stark schneite es. Doch Filibert und Alfons waren mutige Mäuse. Sie stiegen weiter den Berg hinauf, und mit einem Mal hörte der Schneefall auf. Der Gipfel lag vor ihnen, und auf diesem Gipfel stand ein wunderschönes Schneeschloß! Filibert und Alfons gingen staunend zum Tor und läuteten an. Eine weiße Maus öffnete ihnen. Eine Schneemaus! Das Schloß wurde von zwanzig Schneemäusen bewohnt! Filibert und Alfons wurden willkommen geheißen, denn die Schneemäuse hatten schon lange keinen Besuch mehr gehabt. Die beiden Mäuse aus dem Tal wurden freundlich bewirtet. Es gab Tee und Käsekuchen, und Filibert und Alfons mußten bis in die Nacht hinein von ihren Erlebnissen erzählen. Es gefiel ihnen so gut bei den Schneemäusen, daß sie schließlich den ganzen Winter hindurch auf dem Schneeschloß blieben.

Die Hamsterhöhle

Herr und Frau Hamster verbringen den Winter in ihrer gemütlichen Erdwohnung. Den Sommer über, bis in den Herbst hinein, hatten sie fleißig Vorräte für die kalte Jahreszeit zusammengetragen. Da gab es: vier Säcke voll Korn, Maiskolben, Marmelade, Äpfel, Nüsse, Gurken, einen dicken, runden Kürbis und vieles mehr. Die Hamsters waren wirklich bestens für den Winter gerüstet! Herr Hamster hatte auch genügend Stroh in die Höhle gebreitet, damit sie auch schön warm und weich darauf liegen konnten. Noch bevor der erste Schnee gefallen war, hatte Herr Hamster die Falltür am Höhleneingang sorgfältig verschlossen.

Damit es ihnen während der langen Wintermonate nicht langweilig würde, hatten sie einige Untermieter bei sich aufgenommen: zwei Mäuse, drei Motten, eine Obstfliege, einen Käfer und einen Maulwurf. Herr Hamster war ein leidenschaftlicher Geschichtenerzähler. Er konnte stundenlang erzählen, ohne müde zu werden. Frau Hamster bewunderte ihren Mann sehr, obwohl sie seine Geschichten schon in- und auswendig kannte. Gerade eben erzählte er folgende Geschichte: »Einmal, vor vielen Jahren, kam ich bei meinen weiten Wanderungen in die Wüste. Ich wollte meinen guten alten Freund, den Hamster Rudolf, besuchen. Der lebte damals in Südafrika. Ich dachte, ich geh quer durch die Wüste, Südafrika kann so weit gar nicht sein. Denkste! Drei Tage war ich schon unterwegs, und noch immer war keine Spur von Südafrika zu sehen. Ich hatte einen riesigen Durst bekommen und fürchtete schon, umkommen zu müssen, denn die Wüste ist ein Land, wo es kein Wasser gibt. Schließlich hielt ich es nicht mehr aus und begann, nach Wasser zu graben. Ich grub und grub – immer tiefer kam ich in die Erde hinunter –, aber Wasser fand ich keines. Doch ich war jung und zäh und gab nicht auf. Nach ungefähr drei Wochen ununterbrochener Arbeit hatte ich einen mehrere tausend Kilometer langen Tunnel gegraben. Und plötzlich, eines Tages, stieß ich endlich auf Wasser! Auf viiiiel Wasser! Der Druck dieser Quelle war so stark, daß es mich den ganzen langen Weg zurückspülte. In der Wüste kam ich schließlich wieder heraus. Aber ich hatte Wasser gefunden und brauchte nun nicht mehr zu verdursten. Als ich so im Wüstensand kniete und trank, wußte ich mit einem Mal, woher diese Wassermassen gekommen waren! Stellt euch vor, ich hatte, ohne es zu merken, durch die ganze Erdkugel hindurchgegraben und das Meer auf der anderen Seite angezapft! Natürlich konnte ich nun das Meerwasser nicht trinken, da es zu salzig war. Also, was tun? Da hatte ich eine Idee...«

So erzählte Herr Hamster immer weiter. Die Mäuse und der Maulwurf kannten Herrn Hamsters Lügengeschichten ebenfalls zur Genüge; sie schliefen die meiste Zeit. Nur die Motten hörten immer aufmerksam zu, wenn Herr Hamster loslegte. Die vergaßen nämlich die Geschichten von einem Tag auf den anderen und glaubten, es wären immer neue. Na, jedenfalls hatten sie es alle urgemütlich, und das ist ja das Wichtigste!

Käterchen Frost

Es war ein bitterkalter, grimmiger Winter. Die große Kaninchenfamilie hatte ihre Höhle tief unter der Erde, wo es warm und gemütlich war. Die älteren Kaninchen saßen im Halbkreis beisammen und erzählten sich Geschichten. Die kleinen Kaninchen lagen schläfrig in ihren Strohbetten und hörten zu.
Das kleine Kaninchen Sebastian war besonders schläfrig. Die Gespräche der Großen hörte es weit entfernt, wie durch eine Wand aus Watte. Kurz bevor es einschlief, schnappte es einen Satz von Großvater Langohr auf: »Ja, ja, Väterchen Frost ist heuer ganz streng mit uns…«
Da Sebastian schon halb im Schlaf war, als er das hörte, verstand er »Käterchen Frost« statt »Väterchen Frost«. Und so träumte er nun von Käterchen Frost…

Im Traum trug Sebastian Schlittschuhe. Er glitt über einen zugefrorenen See und suchte die Höhle von Käterchen Frost. Da sah er plötzlich ein Loch im Eis, einen Tunnel, der schräg hinunterführte. Sebastian sauste hinab und fand sich kurz darauf in einer großen Eishöhle wieder. Auf einem Thron aus Eis saß ein rundlicher Kater mit einem dicken, weißen Fell. Auf beiden Seiten des Throns standen glitzernde Eisblumen, und zur Linken des Katers saß ein Pinguin.
»Bist du Käterchen Frost?« fragte das Kaninchen.
»Ja«, antwortete der Kater, »der bin ich. Was wünschst du von mir, kleines Kaninchen?«
»Bitte, sei nicht gar so streng, liebes Käterchen«, bat Sebastian. »Die Kälte, die du heuer gemacht hast, ist wirklich ganz furchtbar. Es würde vollkommen genügen, wenn du nur Schnee fallen läßt, damit alles schön weiß ist, und ein bißchen Eis kannst du auch machen. Aber sonst sollte es warm sein wie im Frühling!«
Da lachte Käterchen Frost und konnte gar nicht mehr aufhören zu lachen. Je mehr er aber lachte, desto wärmer wurde es in der Höhle, und all das Eis ringsum begann zu schmelzen. Es wurde zu Wasser, und Sebastian bekam Angst, daß er ertrinken würde. »Halt!« rief Sebastian. »Aufhören! Bitte, sei wieder streng, Käterchen Frost!«
Doch das Käterchen konnte nicht mehr aufhören zu lachen. Das Eis schmolz immer schneller, und das kalte Wasser füllte rasch die ganze Höhle. Was für ein Glück, daß Sebastian in diesem Moment aufwachte!

Peppo Ziesels Erdhöhle

Peppo, das Ziesel, besaß die wärmste, schönste, ruhigste, molligste und behaglichste Erdhöhle weit und breit. Ein großer, gemauerter Ofen stand in dieser Höhle, ein Lehnstuhl aus grünem Plüsch, und der Rest der Höhle war mit weichem Laub vollgestopft.

Peppo Ziesel hielt viel auf Bequemlichkeit. Er war auf den Winter bestens vorbereitet. So hatte er sich auch etliche dicke Bücher eingelagert; denn nichts ist schöner als zu Hause, neben dem bullernden Ofen, ein spannendes Buch zu lesen, während draußen der Schnee vom Himmel fällt!

Peppo hatte sich auf ein wundervoll stilles und gemütliches Winterleben eingestellt. Doch bevor noch der erste Schnee gefallen war, kam der Igel Ludwig auf einen Wochenendbesuch zu ihm. Das war vor zwei Monaten gewesen, und der Igel war noch immer da! Zwei Waldmäuse waren die nächsten Besucher. Die hatten gleich ihr Bett mitgebracht und auf den Ofen gestellt. »Du hast doch nichts dagegen, daß wir ein Weilchen in deiner wundervollen Höhle schlafen, Peppo?« hatten sie gefragt. Natürlich konnte Peppo nicht nein sagen, das wäre gegen die Gastfreundschaft gewesen. Aber er wußte schon im voraus, daß auch diese lieben Gäste den ganzen Winter bei ihm verbringen würden. Besuch ist etwas Schönes, aber nur, wenn er nicht ewig bleibt. Peppo hatte sich so auf einen ruhigen Winter gefreut, und nun hatte er das Haus voller Leute.

Da hatte Peppo Ziesel eine gute Idee! Er heizte den großen Ofen kräftig an, und bald darauf wurde es so warm in der Höhle, daß der Igel und die Mäuse tief einschlummerten.

So, dachte Peppo. Jetzt brauche ich nur darauf zu achten, daß es immer gleich warm bleibt, dann schlafen meine Besucher bis zum Frühling durch! Peppo nahm ein Buch und setzte sich in den Lehnstuhl. Herrlich, diese Ruhe! Auf dem Bild sehen wir, daß gleich ein weiterer Gast zu Peppo Ziesel kommen wird. Wahrscheinlich wird die Maus ebenfalls bald schlafen. Und der Peppo selber – der wird gewiß auch irgendwann einmal einschlafen; denn bei so einer Hitze müssen einem doch die Augen zufallen!

Wenzel, der Bär

Wenzel, der Bär, hatte seinen Winterschlaf beendet. Es war vor zwei Tagen gewesen, als er nach vielen Wochen tiefen Schlafs wieder seine Augen geöffnet hatte. Die Luft in seiner Höhle war dumpf und muffig gewesen, und Wenzel hatte schnell die Tür aufgemacht und war ins Freie gekrochen. Ein, zwei tiefe Atemzüge, und ein riesiger Appetit hatte sich eingestellt, ein richtiger Bärenhunger. Gott sei Dank hatte Wenzel genügend Eßbares vorrätig. Honig und Früchte und Brot und manches andere, was Bären eben für ihr Leben gern essen.

Das war vor zwei Tagen gewesen. Nun saß Wenzel-Bär auf der Spitze des Felsens, in dem er seine Höhle hatte, und hielt nach dem Frühling Ausschau. Der wollte aber nicht kommen – zumindest nicht an diesem Tag. Trübe, graue Wolken bedeckten den Himmel, und die Sonne war irgendwo dahinter versteckt. Ein kalter Wind ging, doch der konnte Wenzel nichts anhaben. So ein Bärenfell ist doch ein wunderbar warmes Bekleidungsstück!

Wenzel fühlte sich ein wenig einsam. So hoch oben wohnte er! Kein anderes Tier war in seiner Nachbarschaft. Ich muß an etwas Schönes, Lustiges denken, dachte Wenzel, dann wird mir dieser trübe Tag gleich heller vorkommen! Und er dachte an ein Erlebnis, das er im vergangenen Sommer gehabt hatte:

Ein Zirkus war auf der Straße neben dem Wald vorbeigezogen. Wenzel hatte den langen Zug der Wagen, in einem dichten Gebüsch verborgen, beobachtet. Plötzlich brach an einem der Wagen ein Rad! Das Gefährt stürzte um, und der Käfig, der sich auf ihm befand, fiel die Böschung hinunter. Die Tür des Käfigs sprang auf, und heraus kam ein anderer Bär! Der Bär rannte sogleich auf den Wald zu, wo er Wenzel traf.

»Ich bin frei! Ich bin frei!« rief der Zirkusbär immer wieder. »Jetzt kann ich endlich wie ein normaler Bär im Wald leben!«

»Rasch, folge mir!« sagte Wenzel. »Ich kenne tolle Verstecke. Die Menschen werden dich nie wieder fangen!«

Zwei Wochen lang blieben Wenzel und der Zirkusbär zusammen. Sie durchstreiften die Wälder, und Wenzel zeigte seinem neuen Freund all die schönen Orte, die er so liebte. Sie badeten gemeinsam im Fluß und fingen Fische. Sie unternahmen Wanderungen ins Gebirge und plünderten einige wilde Bienenstöcke aus. In der Nacht schliefen sie auf kühlem Moos, und am Morgen bewunderten sie den Sonnenaufgang. Es war wundervoll – wenigstens für Wenzel. Der Zirkusbär indessen wurde immer trauriger. Eines Tages sagte er: »Ich kann so nicht mehr leben! Ich muß zurück zum Zirkus! Die Scheinwerfer, die Musik, der Applaus der Leute, wenn ich tanze – Wenzel, du kannst dir nicht vorstellen, wie himmlisch das ist! Waldluft ist schön und gut, aber Zirkusluft ist besser. Ich bin eben ein Zirkusbär. Ohne Applaus halt ich's nicht aus!« Und mit diesen Worten verließ er Wenzel und ging zurück zum Zirkus.

»Ach ja«, seufzte Wenzel, »der Frühling und der Sommer... werden sie wohl wieder kommen?«

Ganz bestimmt, Wenzel-Bär, nur Geduld!

Bogumil, der Zauberer

Auf einer Insel im Meer lebte einmal ein Zauberer, der hieß Bogumil. Er wohnte in einem kleinen Schloß. Eine weiße Katze namens Bianca, zwei Mäuse und ein Kanarienvogel waren seine einzigen Gefährten. Die Insel lag vollkommen abgelegen im Meer; noch nie war ein Schiff daran vorbeigefahren.

Bogumil hatte sich vor vielen Jahren auf diese einsame Insel zurückgezogen, damit ihn sein größter Feind, der böse Zauberer Plotz, nicht finden konnte. Der Zauberer Plotz konnte Bogumil nicht leiden, weil Bogumil besser zaubern konnte als er. Plotz wollte der mächtigste Zauberer auf der Welt sein. Er war furchtbar eifersüchtig auf Bogumil.

Sieben Jahre lang hatte Bogumil unbehelligt auf seiner Insel gelebt, aber eines Tages fand ihn der böse Zauberer doch. Plotz fuhr auf seinem schwarzen Schiff an der Insel vorbei und sah Bogumil vor dem Schloß stehen. Da zauberte Plotz ein gewaltiges Unwetter mit Regen und Sturm herbei, das Bogumils Insel vernichten sollte.

Bogumil hatte aber die Gefahr rechtzeitig erkannt. Weil er ein guter, friedlicher Zauberer war, wollte er nicht gegen Plotz kämpfen, obwohl er das gekonnt hätte. Bogumil verwandelte sich statt dessen in einen großen Raben. Bianca, die Katze, und eine Maus setzten sich in einen Schuh, der Vogelkäfig und ein Sack mit den allernotwendigsten Gegenständen wurden an den Schuh geknüpft. Die zweite Maus setzte sich auf den Hals des Raben, und so entkamen sie alle dem Gewittersturm. Der Rabe Bogumil flog sehr schnell weg. Hinter ihnen versank ihre schöne Insel mit dem Schloß im Meer.

Der böse Zauberer glaubte, daß Bogumil nun tot sei, und fuhr ebenfalls weg.

Bogumil flog und flog. Er hielt Ausschau nach einer neuen Insel, wo er sich mit seinen Freunden niederlassen konnte.

Es regnete noch ein bißchen. Die Katze Bianca hatte einen Regenschirm mitgenommen. Der Schirm bremste sogar den Flug, aber Bogumil, der Rabe, war sehr kräftig.

Am Nachmittag desselben Tages fanden sie eine wunderschöne Insel. Die Sonne schien wieder. Bogumil landete auf der Insel und verwandelte sich in seine richtige Gestalt. Sie konnten nun einer friedlichen Zukunft entgegensehen und begannen unverzüglich mit dem Bau eines neuen Schlößchens.

Ibrahim, der fliegende Hund

Der Hund Ibrahim wohnte auf einem hohen Berg. Auf einem ganz steilen, ganz hohen Berg, irgendwo ganz weit weg.
Ibrahim konnte nicht klettern. Dazu war er viel zu ungeschickt. Aber wie war er dann auf diesen hohen Berg gekommen? Ganz einfach: Ibrahim besaß einen fliegenden Teppich! Besser gesagt, Ibrahim hatte die Fähigkeit, jeden x-beliebigen Teppich zum Fliegen zu bringen. Der Teppich allein konnte gar nichts. Aber wenn sich Ibrahim draufsetzte und fest wünschte: Teppich, flieg!, dann flog der Teppich. So ein Zauberhund war das!
Ibrahim hatte auf seinem Teppich schon die halbe Welt bereist. Gestern erst war er von einer längeren Reise durch Indien zurückgekehrt. Nun saß er vor seiner Hütte in der Sonne und ruhte sich aus. Ibrahim konnte im Sitzen schlafen. Er ließ sich die Sonne auf den Rücken scheinen und träumte dabei von seiner nächsten Reise.
Zwei Mäuse, die im Gebirge wohnten, hatten den fliegenden Hund tags zuvor gesehen. Sie hatten genau beobachtet, auf welchem Berg er gelandet war, und sich sofort auf den Weg gemacht. Sie wollten ebenfalls auf dem Teppich mitfliegen. Schon immer wollten sie wie ein Vogel durch die Luft fliegen können.
Der Aufstieg zu Ibrahims Berghütte erwies sich aber als ungeheuer schwierig. Besonders das letzte Stück vor dem Gipfel war kaum zu bezwingen. Die Mäuse waren in großer Gefahr, abzustürzen.
Zwei Vögel, die in der Nähe ihr Nest hatten, erkannten die gefährliche Lage der Mäuse. Der eine Vogel flog sofort zu Ibrahim hinauf und versuchte, ihn zu wecken.
Wird ihm das gelingen? Wird der Hund Ibrahim rechtzeitig aufwachen, bevor die Mäuse in die Tiefe stürzen? Wird er sie retten? Oder wird er vor Schreck ebenfalls abstürzen? Was glaubst du?

Die Seereise

Reginald, der Hund, und die Katze Lisa besaßen ein kleines Dampfschiff, das »Traude« hieß. Sie hatten es selbst gebaut. Vielmehr, Reginald hatte es gebaut; Lisa hatte bloß zugesehen und ihn mit Miau-Rufen angefeuert. Reginald war ein äußerst geschicktes Hundetier. Er konnte schlichtweg alles. Selbstverständlich war er auch ein ausgezeichneter Seemann! (Oder sollte man hier »Seehund« sagen?)

Die erste Reise der beiden führte sie in die Südsee. »Traude« dampfte und rauchte und durchpflügte tapfer die Wellen. Alles funktionierte hervorragend, aber dann wurde Lisa, die Katze, seekrank! Es ging ihr sehr schlecht. Sie konnte nichts mehr essen, sie konnte nicht einmal mehr schlafen. Und wenn Katzen nicht mehr schlafen können, dann geht es ihnen wirklich miserabel. Reginald war sehr besorgt um seine Lisa. Er nahm alle zehn Minuten sein Fernrohr zur Hand, um nach Land Ausschau zu halten. Doch ringsum waren nichts als Wellen und abermals Wellen zu sehen. Reginald heizte den Dampfkessel an, daß er beinahe rotglühend wurde. Das Schiff »Traude« schnaufte wie eine alte Lokomotive und gab sein Bestes. Endlich dann, nach drei Tagen Fahrt, sichtete Reginald eine Insel. Auf der Insel wuchsen viele Bäume. Sie sah einladend freundlich aus. Das Schiff »Traude« wurde in einer stillen Bucht verankert, und Reginald und Lisa gingen an Land. Als Lisa wieder festen Boden unter den Pfoten spürte, ging es ihr schnell besser. Aber sie wollte nie wieder in ihrem Leben ein Schiff betreten. Reginald beruhigte sie, so gut er konnte. Er fing einige Fische und briet sie am Lagerfeuer. Als Lisa die Fische roch, kehrte ihr gesunder Katzenappetit zurück, und bald darauf war sie wieder ganz die alte.

Am zweiten Tag, den die beiden auf der Insel verbrachten, entdeckten sie bei einem Spaziergang im Wald einige seltsame Wesen! Die Tiere sahen wie kleine Bären aus, hatten aber ein violettes Fell. Am Anfang waren die violetten Bären sehr scheu. Sobald sie Reginald und Lisa sahen, versteckten sie sich in den Bäumen. Als sie dann aber merkten, daß der Hund und die Katze nur ihre Insel besichtigen wollten, wurden sie bald zutraulich. Sie kamen aus dem Wald und setzten sich ans Lagerfeuer. Es dauerte nicht lange, und sie alle hatten Freundschaft geschlossen. Reginald erzählte von ihrer Seereise und daß Lisa so schreckliche Angst vor dem Meer hatte. Die violetten Bären wußten ein Mittel gegen Seekrankheit! Als Lisa und Reginald die Heimreise antraten, schenkten ihnen die Bären eine große, rote Blume. »Wenn es dir schlecht wird, Lisa, brauchst du nur an dieser Blume zu riechen, dann vergeht sofort die Seekrankheit!« sagten sie.

Auf der Heimreise gerieten Reginald und Lisa in einen gewaltigen Sturm. Meterhohe Wellen stürzten auf das Schiff »Traude« ein. Lisa roch an der Blume und verzog sich dann in die Kajüte. Sie schaute zwar ängstlich aus dem Bullauge, aber seekrank wurde sie nicht mehr. Reginald steuerte das Schiff sicher durch das aufgewühlte Meer. Sie kamen wohlbehalten zu Hause an.

Fridolin, der faule Kater

Fridolin war ein furchtbar fauler Kater. Er lebte in einem Baumhaus am Rande eines Sees. Fridolin tat zwei Dinge am liebsten: essen und schlafen. Sein Baumhaus war vollgestopft mit Eßwaren aller Art. Sein Lieblingsgetränk war Himbeerlimonade. Im Keller des Baumhauses hatte er zwei Dutzend Flaschen davon gelagert. An einem Ast des Baumhauses hatte Fridolin eine rote Hängematte aufgespannt. In dieser Hängematte lag er die meiste Zeit des Tages und schnurrte und schnarchte und schlief.

Um den See, im Schilf und in den Uferböschungen, lebten viele Mäuse. Sie brauchten vor Fridolin keine Angst zu haben, denn der war viel zu faul, um die äußerst anstrengende Tätigkeit der Mäusejagd auf sich zu nehmen. Außerdem schmeckten Fridolin keine Mäuse. Er aß viel lieber Sardinen. Nun, die Mäuse wußten das, und frech, wie Mäuse nun einmal sind, machten sie sich oft einen Spaß daraus, Fridolin zu ärgern. Zum Beispiel tranken sie seine Himbeerlimonade aus, wenn er gerade schlief, oder sie verstopften das Schlüsselloch in seiner Wohnungstür mit Holzstückchen, oder sie bewarfen ihn mit Nüssen und kleinen Steinchen. Wenn dann Fridolin erschrocken aus dem Schlummer fuhr, lachten die Mäuse. Fridolin war furchtbar wütend, wenn er sie sah. Er schimpfte und drohte ihnen und zeigte ihnen seine spitzen Krallen. Aber selten erhob er sich aus seiner Hängematte, um ihnen nachzulaufen. Fridolins Wut verrauchte meistens sehr rasch, und bald danach war er schon wieder eingeschlafen.

Einmal trieben es die Mäuse zu arg. In der Nacht schlichen sie zu Fridolins Baum und nagten die Schnüre seiner geliebten Hängematte an. Dann versteckten sie sich im Gebüsch und warteten auf den Morgen. Als die Sonne aufging, kam Fridolin aus dem Baumhaus, reckte und streckte sich und kletterte dann in die Hängematte. So ein Faulpelz! Die ganze Nacht hatte er geschlafen, und nun wollte er den Tag schon wieder mit Schlafen beginnen! Als sich der Kater in der Hängematte breitgemacht hatte, rissen plötzlich die angenagten Schnüre, und Fridolin stürzte ins Wasser. Ha! Da war Fridolin aber sofort hellwach! Und diesmal war er wütend wie nie zuvor. Er kletterte ans Ufer und begann die Mäuse mit großer Ausdauer zu jagen. Die Mäuse liefen zwar schnell in ihre Löcher, aber eine von ihnen erwischte der Kater! Zur Strafe für die durchgenagte Hängematte sperrte er sie in den Keller des Baumhauses. Dann legte er sich wieder in die Hängematte, um in der Sonne sein Fell zu trocknen. Während Fridolin schlief, kamen drei andere Mäuse mit einem kleinen Segelboot angefahren und befreiten ihren gefangenen Freund. Sie sägten das Gitter des Kellerfensters durch und nahmen zusätzlich noch fünf Flaschen Himbeerlimonade mit. Armer Fridolin! Wirst du wirklich einmal vollkommene Ruhe finden? Nun, vielleicht war es ganz gut, daß ihn die Mäuse dann und wann aufscheuchten. Ein bißchen Bewegung kann auch einem Kater nicht schaden!

Der Katzenkönig

Der Katzenkönig Mauzenberger I. war der König vom Katzenland. Er wohnte in einer kleinen Burg, die eigentlich nur aus einem Turm bestand. Diese Turmburg stand auf einem hohen Felsen. Mauzenberger I. war ein sehr eitler Kater. Katzen sind an sich schon eitel genug. Aber wenn sie auch noch König sind, kennt ihre Eitelkeit keine Grenzen. Jeden Morgen ließ er sich von seinem Friseur das Fell mit schwarzen Streifen bemalen – es sollte wie ein königlicher Hermelinmantel aussehen.

Mauzenberger verließ nur selten seinen Thron. Wenn jemand von seinen Katzen-Untertanen etwas von ihm wollte, mußte er auf die Burg kommen. Nun, dies ist ja bei Königen im allgemeinen so üblich. Aber Mauzenberger wohnte auf so einem hohen und steilen Felsen, daß er wenig Besuch bekam. Eine Straße, die hinauf führte, gab es nämlich nicht.

Eines Tages wurde im Katzenland das Flugzeug erfunden. Gleich mehrere Arten von Flugzeugen: Segelflieger, einmotorige Flugzeuge und auch Hubschrauber. Fesselballone hatte es schon früher gegeben, aber Flugzeuge waren etwas ganz Neues. Mauzenberger I. hörte von diesen Erfindungen durch die Brieftaubenpost. Er überlegte: Wenn ich so ein fliegendes Fliegflugzeug hätte, könnte ich mich ganz bequem durch mein Reich fliegen lassen. Ich könnte die Bewohner des Katzenlandes von oben beobachten und sehen, was sie so tun und treiben. Von oben sieht man immer alles am besten. Nichts bliebe mir mehr verborgen, und ein König sollte doch immer alles wissen, was in seinem Reich vorgeht, nicht wahr? Außerdem könnten mich alle Katzen bewundern, wenn ich in so einem Flugzeug angeflogen käme. Sie würden mich gewiß ehren und lieben – das müssen sie sogar tun, denn ich bin ja ihr König, nicht wahr?

So dachte der eitle Mauzenberger und ließ sofort eine Nachricht an alle Flugzeugbesitzer im Katzenland aussenden. Sie sollten sogleich zu seiner Burg fliegen. Zwei Wochen vergingen, doch kein einziges Flugzeug traf auf der Katzenburg ein. Ja, die Katzen kannten ihren aufgeblasenen König sehr gut. Keiner der Piloten wollte in seine Dienste treten. Da ließ Mauzenberger I. den Hausinstallateur, Kater Oskar, zu sich rufen. Mauzenberger befahl ihm, sofort ein Flugzeug zu erfinden. Oskar war ein sehr geschickter Kater. Nach einigen Wochen Arbeit, hatte er tatsächlich eine hubschrauberartige Maschine zusammengebastelt. Es war ein äußerst primitives Fluggerät. Der Hubschrauber mußte nämlich von Hand aus betrieben werden. König Mauzenberger I. ließ seinen Thronsessel auf den Hubschrauber stellen und setzte sich dann hinein. Oskar startete zum ersten Flug. Es ging alles gut. Doch Oskar mußte an der Kurbel furchtbar schuften. Weit konnte er nicht fliegen. Eben eine Runde um die Burg, dann verließen ihn die Kräfte. »Hätte ich doch nur dieses Ding nicht gebaut!« stöhnte Oskar und überlegte, ob er den König nicht einfach in den Teich schmeißen sollte...

22

Bruno, der Bär, ist krank

Bruno, der kleine Bär, war krank geworden. Oh, es war nicht so schlimm! Ein bißchen Fieber hatte er, und einen netten Schnupfen. In einigen Tagen würde er wieder ganz gesund sein, noch dazu, wo ihm der Frosch so schöne Lieder vorsang! Bären sind nie lange krank. Das liegt wohl an ihrer sprichwörtlichen »Bärennatur«. Doch, wie war es zugegangen, daß nun Bruno mit einer Erkältung im Bett liegen mußte? Gestern war es gewesen. Gestern, um die Mittagszeit. Bruno-Bär ging am Flußufer spazieren und suchte besonders schöne Kieselsteine. Auf seinem Weg kam er ein Stück ins Gebirge hinauf. Da sah er plötzlich eine Hängebrücke, die den Fluß überspannte. Auf der einen Seite der Brücke stand ein Esel und auf der anderen ein Wildschwein. Als der Esel Bruno-Bär sah, winkte er ihn zu sich und sagte: »Das Wildschwein und ich – wir trauen uns nicht über die Brücke. Wer weiß? Vielleicht ist sie morsch, und wenn ich hinübergehe, bricht sie durch? Sei so gut, kleiner Bär, und geh ein Stück auf die Brücke hinaus, damit wir sehen, ob sie auch hält.«
»Schön und gut«, antwortete Bruno. »Aber wenn die Brücke so schlecht wäre, wie du meinst, könnte ich genausogut ins Wasser fallen!«
»Nein«, sagte der Esel, »bei dir wird sie sicher halten, denn du bist viel leichter als ich.«
»Was hätte das für einen Sinn?« sagte Bruno-Bär. »Denn wenn die Brücke mein Gewicht aushält, muß sie noch lange nicht deins tragen!«
»Doch«, sagte der Esel, »das wird sie, denn ich werde mich ganz leicht machen, leicht wie eine Feder!«
In Wahrheit wollte er nur Bruno dazu bringen, daß er für ihn die Brücke erprobte. War Bruno einmal, ohne durchzubrechen, über die Brücke gegangen, so würde gewiß das Wildschwein als nächstes die Brücke betreten. Und das Wildschwein war fast so schwer wie der Esel. Hielt die Brücke auch beim Schwein, so konnte er gefahrlos den Fluß überqueren. So dachte der Esel, und daraus ersieht man, daß nicht alle Esel auf der Welt Dummköpfe sind. Bruno-Bär wagte es. Er ging bis zur Mitte der Brücke und drehte sich dann um. »Sie hält!« rief er dem Esel zu. Der Esel rief nun zum Wildschwein hinüber: »Geh du jetzt über die Brücke! Ich lasse dir den Vortritt!«
Doch das Wildschwein grunzte und sagte: »Ich trau mich nicht!«
Da wurde der Esel wütend, weil sein schöner Plan nicht funktionierte, und ging seinerseits auf die Brücke. Daraus nun ersieht man, daß nicht alle Esel, die auf den ersten Blick klug aussehen, es auch sein müssen. Als nämlich der Esel auf der Brücke war, wo Bruno-Bär stand, glaubte das Wildschwein, daß die Brücke sicher sei, wo sie ja die beiden auf einmal trug, und betrat ebenfalls die Brücke. Und so brach die Brücke endlich durch, und alle drei Tiere fielen ins Wasser. Einzeln hätten sie gefahrlos den Fluß überqueren können, doch alle drei trug die Brücke nicht.
Auf diese Art also, hatte sich Bruno die Erkältung zugezogen...

Zirkus Katzurovsky

Der Zirkus Katzurovsky bestand aus acht hochtalentierten Katern. Alles erstklassige Artisten. Sie waren bei verschiedenen Zirkussen aufgetreten und jeweils die Glanznummer des Programms gewesen. Kater Murks war Jongleur, Kater Attila der beste Parterreakrobat weit und breit, Friedensreich und Sigurd leisteten Unwahrscheinliches am Trapez, Hermann Mauz und Sascha Sammetpfote waren hervorragende Hochseilartisten, und die Brüder Albert und Jochen Katzurovsky waren berühmte Bodenakrobaten und Clowns. Von Jochen Katzurovsky kam auch die Idee, einen eigenen Zirkus mit den besten Katzenakrobaten der Welt zu gründen. Den Brüdern Katzurovsky gelang es in den darauffolgenden Monaten, die Künstler zu einer neuen Zirkusmannschaft zu vereinigen: Der Zirkus Katzurovsky war geboren!

Die acht Kater zogen mit ihrem Wohnwagen von Stadt zu Stadt und zeigten ihr sensationelles Programm. Überall, wo sie auftauchten, strömte das Publikum in Massen zu den Vorstellungen. Immer war der Zirkus bis auf den letzten Platz ausverkauft. Die Einnahmen des Zirkus stiegen dementsprechend, und nach einem Jahr waren die acht Kater mehrfache Millionäre.

Diese gewaltigen, anhaltenden Erfolge in aller Welt verwöhnten die acht Artisten. Sie waren nun schwer reich. Wozu sollten sie sich weiterhin so anstrengen? Unmerklich begannen sie, in ihren Leistungen nachzulassen und immer weniger Vorstellungen zu geben. Aber das Verhängnisvollste war: Die acht Kater achteten nicht mehr auf ihre schlanke Linie. Sie begannen zu schlemmen. Das Beste war ihnen gerade gut genug. Ja, es kam vor, daß sie sich wochenlang ausschließlich von Torten und Sahne ernährten. Das konnte nicht lange gutgehen. Nach einem weiteren Jahr waren die Artisten des Zirkus Katzurovsky unförmige, plumpe Kater geworden. Nun konnten sie gar nicht mehr auftreten; denn das Publikum hätte sie ausgepfiffen. Geld hatten sie noch immer genug, also lagen sie die meiste Zeit auf der faulen Haut.

Ein weiteres Jahr verging, und eines Tages war das Geld alle. Nun endlich besannen sich die acht Kater und begannen wieder zu trainieren. Auf einer Wiese, vor einem ganz kleinen Publikum, gaben sie ihre erste Vorstellung. Einen Balanceakt mit Tisch, Ball, Nudelwalker und Flasche wollten sie zeigen. Ob das gutgeht?

Der gelbe Fisch

Till war ein ganz besonders lieber Kater. Er hatte nämlich alle Tiere gern und ganz besonders die Mäuse.
Im Winter lebte Till mit zwölf seiner besten Mäusefreunde in einer gemütlichen Berghütte. Till war ein begeisterter Wintersportler. Er konnte ausgezeichnet Schifahren und Bergsteigen. Überhaupt gab es kaum eine Sportart, die Till nicht schon ausprobiert hatte. Auch Drachenfliegen konnte er, und Windsurfen und Schwimmen und Radfahren... Na, so ziemlich alles eben. Die zwölf Mäuse begleiteten Till überallhin. Meist trugen sie seine Ausrüstung oder machten sich auf sonstige Weise nützlich.
Wenn es Sommer wurde, zogen Till und die Mäuse in die Ebene. In diesem Sommer entdeckten sie eines Tages einen See. Sie machten eine lange Wanderung am Ufer des Sees entlang. Da machten sie eine zweite Entdeckung! Sie fanden ein Haus, das im Wasser stand und über eine Brücke zu erreichen war. Till und den Mäusen gefiel es auf Anhieb, und sie beschlossen, hier den Sommer zu verbringen. Das Haus war zwar etwas verfallen, doch Till und die Mäuse reparierten es in wenigen Tagen.
Die Neuigkeit, daß das Haus im See nun bewohnt war, sprach sich schnell unter den Tieren rund um den See herum, und bald darauf kamen immer mehr Mäuse zu dem Haus. Es gefiel ihnen so gut bei dem liebenswürdigen Kater, daß sie ebenfalls beschlossen, hierzubleiben. Da das Haus für so viele Mäuse zu klein wurde, begannen die Mäuse, neue Wohnungen zu bauen. Sie errichteten einen Mäuseturm mit Bootssteg und dahinter ein größeres Wohnhaus. Till hatte großes Vergnügen, den Mäusen beim Bauen zuzusehen. Eines Tages blickte er zufällig ins Wasser und sah einen wunderschönen Fisch vorbeischwimmen. Das Wasser war hier sehr klar. Man konnte bis auf den Grund des Sees schauen. Der Fisch war von strahlend gelber Färbung, durch die sich leuchtend rote Längsstreifen zogen.
Ein ganz seltener Fisch! Till wollte mit ihm bekannt werden, denn so ein Fisch fehlte noch in seinem weiten Freundeskreis. Der Kater warf am nächsten Tag Kuchenstücke ins Wasser und wartete. Und wirklich, es dauerte gar nicht lange, und der gelbe Fisch kam angeschwommen. Er schwamm zur Oberfläche und aß die Kuchenstücke. Till versuchte mit ihm zu sprechen, doch der Fisch konnte leider nicht antworten, da Fische ja stumm sind. Doch er machte Zeichen mit seinen Flossen, daß Till zu ihm ins Wasser kommen solle. Glücklicherweise besaß Till eine Taucherausrüstung. Er zog sie an und tauchte in den See hinunter. Der Fisch freute sich sehr, als er das sah. In den nächsten Wochen entwickelten die beiden eine Zeichensprache, mit der sie sich gut verständigen konnten. Der gelbe Fisch erzählte Till viele Unterwassergeschichten, die sehr spannend waren. Man sollte nicht glauben, was so ein Fisch alles erleben kann! Und am Abend erzählte Till die Geschichten seinen Mäusen weiter. In diesem Sommer verbrachte der Kater wohl die meiste Zeit unter Wasser.

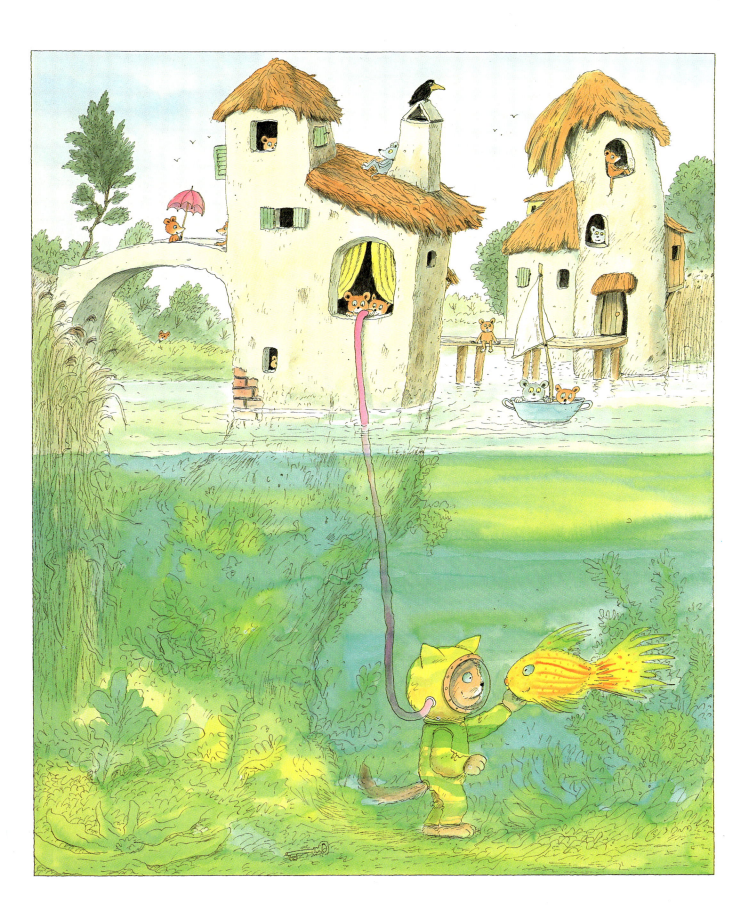

Herr Uhu erzählt Gruselgeschichten

Eines Abends tauchte ein großer, alter Uhu am See auf. Niemand hatte ihn je zuvor gesehen. Der Uhu flog zu der Insel im See und setzte sich auf den hohlen Baum, der dort stand. Unbeweglich saß er da. Mit seinen großen, gelben Augen schaute er übers Wasser, und es sah aus, als warte er auf etwas.
Die Maus Sibilla, die in dem hohlen Baum wohnte, entdeckte ihn als erste. »Guten Abend«, sagte sie. »Warten Sie auf jemanden, Herr Uhu?«
»Eigentlich nicht«, antwortete der Vogel. »Ich ruhe mich hier bloß aus. Hab einen weiten Flug hinter mir, war dort, hinter den Bergen.«
»Interessant«, sagte die Maus. »Und wie sieht es dort aus?«
»Phantastisch«, sagte der Uhu. »Unheimlich, entsetzlich und wunderbar. Riesige Wälder gibt es dort, und gefährliche Tiere lauern überall. Soll ich dir davon erzählen?«

»O ja!« rief die Maus. »Ich mag gruselige Geschichten!«
In dieser Nacht erzählte Herr Uhu der Maus Sibilla die Geschichte vom bösen Zwerg Brabramolla und dem Drachen Omorok. Sibilla war begeistert.
Am nächsten Morgen berichtete sie dem Biber von ihrer nächtlichen Begegnung. Der Biber wollte ebenfalls Gruselgeschichten hören. Zusammen warteten sie, ob der Uhu auch diese Nacht zum hohlen Baum käme. Und er kam! Wieder setze er sich auf den Baum und begann zu erzählen. Er erzählte den beiden die Geschichte von einer riesigen Kröte, die in einem Brunnen lebte und einen Schatz bewachte.
Der Biber und die Maus hörten mit offenen Mündern zu. Solche tollen Geschichten hatten sie noch nie gehört.
Am nächsten Abend hatte der Uhu bereits fünf Zuhörer: Sibilla, den Biber und drei weitere Sumpfmäuse. Diesmal erzählte Herr Uhu die Geschichte von der feuerspeienden Spinne Lukluk und ihrem Kampf mit dem Zauberer Ambrosius.
Die Nachricht von dem geschichtenerzählenden Uhu sprach sich schnell herum. Immer mehr Mäuse kamen zu der Insel und lauschten Nacht für Nacht seinen unheimlichen Geschichten. Und der alte Uhu erzählte und erzählte und erzählte… Von der Hexe Ramuxa und ihren tausend Gifttöpfen, von riesigen Fledermäusen, vom Tal der roten Schlangen, von grunzenden Ungeheuern, tief unter der Erde, von der Krake Saflafaff, die ganze Schiffe verschlingen konnte, vom See der Krokodile, von Riesen, Lindwürmern, Trollen, Kobolden, Gespenstern und vielen anderen herrlich gruseligen Geschöpfen…

Onkel Pankraz-Wüstenkatz

Pankraz war einer jener Kater, die am liebsten den ganzen Tag durchschlafen und sich so wenig wie möglich bewegen. Er lebte in der Wüste, in einem kleinen Haus, dessen ganze Einrichtung aus einer einzigen, großen Matratze bestand.

In den Ferien besuchten Pankraz seine sechs Neffen. »Onkel Pankraz!« sagten sie. »Du hast uns schon lange versprochen, daß du uns einmal zu einer Abenteuerrundreise durch die Wüste mitnimmst! Wir wollen die großen Kaktustürme sehen, von denen du uns schon so oft erzählt hast, und das Felsental, in dem du mit dem wilden Löwen gekämpft hast!«

Pankraz erzählte nämlich gern Lügengeschichten. In Wirklichkeit hatte er nie mit einem Löwen gekämpft.

»Ach, laßt mich doch in Ruhe, Kinder!« erwiderte der Wüstenkater. »Bei dieser Hitze bleibt man am besten zu Hause. Legt euch zu mir auf die Matratze und schlaft ein Weilchen.«

Aber die kleinen Kater wollten nicht schlafen. Sie bettelten und baten so lange, bis Onkel Pankraz schließlich nachgab. Er ging mit ihnen zu Pablo Wüstenmaus, der ein Kamel besaß. Pablos Kamel war ein verwöhntes Tier. So trug es zum Beispiel Schuhe an den Füßen, damit es sich an den spitzen Steinen nicht verletzte.

»Pablo, wir wollen dein Kamel mieten«, sagte Pankraz. »Führst du uns zu den Kaktustürmen?«

Pablo nickte nur. Er sprach überhaupt sehr wenig, und wenn, dann nur mit seinem Kamel.

Die sechs kleinen Kater kletterten in einen Tragkorb, und Pankraz nahm zwischen den Höckern des Kamels Platz. Er paßte genau hinein und hatte schnell eine bequeme Stellung gefunden.

So trabten sie also los. Ganz langsam, ganz gemütlich. Die Katzenkinder wollten, daß das Kamel schneller ginge, aber niemand hörte auf sie. Pablo Wüstenmaus ging schweigsam voran, das Kamel döste im Gehen vor sich hin, und Onkel Pankraz-Wüstenkatz schlief im Schatten des Baldachins. Und das sollte nun eine Abenteuerrundreise sein!

Die Schiffbrüchigen

Siegfried, das Eichhörnchen, der Kater Stani und zwei Käfer lebten in einer Hütte am Meer. Siegfried war ein Meisterkoch. Er kochte dem Kater Stani und den beiden Käfern täglich die leckersten Speisen. Er mußte dabei zweierlei Essen kochen, denn die Käfer mochten nicht alles, was der Kater aß, und umgekehrt. Aber das machte Siegfried nichts aus. Kochen war seine Lieblingstätigkeit... Der Kater Stani lag die meiste Zeit im Liegestuhl vor der Hütte und las in einem Buch. Stani besaß eine Bibliothek von dreißig Büchern, und er hatte sie alle schon gelesen. Ja, einige davon las er bereits zum drittenmal, und zwei der Bücher konnte er auswendig hersagen. Er war ein richtiger Bücherkater.

Eines Tages brach ein furchtbarer Sturm aus. Die Hütte bebte in allen Fugen, und es regnete zwei Wochen ohne Unterbrechung. Das Meer trat aus seinen Ufern und drohte die Hütte der Freunde zu überfluten. Schließlich war das Wasser so hoch gestiegen, daß sich Siegfried, Stani und die beiden Käfer auf das Dach flüchten mußten. Gott sei Dank hörte nun der Regen auf. Aber das Wasser wich nicht zurück. Stani hatte selbstverständlich seine Bücher mit aufs Dach genommen. Doch Siegfried hatte nur ein paar Äpfel vor dem Hochwasser retten können. Von diesen Äpfeln lebten sie drei Tage lang. Gerade, als sie den letzten Apfel essen wollten, sahen sie ein großes Schiff herbeisegeln! Das Schiff gehörte Günter, dem Dachs. Der Dachs nahm die vier samt Stanis Büchern an Bord. Das war Rettung in letzter Sekunde! Günter-Dachs hatte auf seinem Schiff fünf Fässer mit Honig geladen, die er zur Bäreninsel bringen wollte. Siegfried, das Eichhörnchen, übernahm sofort die Schiffsküche und buk köstliche Honigkuchen.

Nach zwei Tagen Fahrt geriet das Schiff in einen Wirbelsturm, der so gewaltig war, daß es auseinanderbrach und versank. Zum Glück konnten sich alle retten. Als der Sturm vorüber war, schwamm eine seltsame Gesellschaft auf dem stillen Meer. Günter-Dachs und Siegfried saßen auf einem Honigfaß, die beiden Käfer hatten sich in einer leeren Sardinenschachtel gerettet, und Stani-Kater lag in einer schwimmenden Kiste mit Sonnenschirm. Der mußte es immer am bequemsten haben! Sogar sein Lieblingsbuch hatte er gerettet. Und in einer kleinen Zündholzschachtel schwammen elf Schiffsholzwürmer. Siegfried hatte seinen letzten Apfel mitgenommen. Mit dem versuchte er, Fische zu angeln. Der Dachs hielt mit seinem Fernrohr nach Land Ausschau. Ein Maikäfer neckte ihn damit, daß er ihm dauernd das Bild einer Insel vor die Linse hielt.

Am zweiten Tag nach dem Schiffbruch flog ein Ballon mit zwei Grillen herbei, und die Grillen warfen eine Ankerschnur herunter. Die beiden Grillen wußten, in welcher Richtung die Bäreninsel war. Im Nordosten, gar nicht mehr weit. Günter-Dachs setzte das Segel, und bereits am nächsten Morgen kam die ganze Gesellschaft bei der Bäreninsel an. So waren nun die Schiffbrüchigen endgültig gerettet.

Die Räuberhöhle

Sebastian und Mimi waren zwei junge Kaninchen. Sie wohnten mit ihren Eltern und noch vielen anderen Kaninchen in einem großen Bau, in der Nähe des Flusses. In der Nacht, wenn alle schliefen, schlichen sie oft fort und gingen auf Entdeckungsreise. Und das, obwohl ihnen die Mutter solche Ausflüge ohne Begleitung strengstens verboten hatte! Mutter wußte schon, warum! Der Fuchs war in der Nacht hellwach, und er speiste nichts lieber als junge Kaninchen.

Eines Nachts schlichen Mimi und Sebastian wieder von zu Hause weg. Sie gingen ein Stück durch den Wald und kamen dann zu einer großen Wiese. Der Mond schien hell. Plötzlich fand Sebastian den Eingang zu einer Höhle. Neugierig huschten die beiden hinunter. Sie gelangten in einen langen Tunnel, der viele Windungen hatte. Mimi bekam nun doch ein bißchen Angst und wollte umkehren. Da bemerkte Sebastian weiter vorne einen Lichtschein. Sie schlichen leise weiter und kamen schließlich in eine große Höhle. Es war eine Räuberhöhle, das sahen die Kaninchen auf den ersten Blick! Säcke mit Diebsgut standen herum, und in einer Ecke sahen sie einen Haufen Goldstücke und eine Schatztruhe. Aber warum brannte das Licht? Da! Auf einmal hörten sie tiefe Stimmen und Schritte, die sich der Höhle näherten. Mimi und Sebastian konnten sich gerade noch hinter den Säcken verstecken. Durch einen anderen Tunnel traten jetzt der Fuchs, ein dicker Keiler und ein Waschbär ein. Das war die Räuberbande!

Der Fuchs ließ sich auf einem Sack nieder und sagte zum Waschbär: »Nun zeig mal, was du heute erbeutet hast. Wenn es wertvoll genug ist, bist du in unserer Bande aufgenommen!« Der Waschbär lächelte überlegen und öffnete seinen Sack. »Bitte sehr«, sagte er. »Neben Schmuck und Gold habe ich sogar die Krone des Katzenkönigs geklaut! Das war ein schwieriges Stück Arbeit. Der Kerl schläft nämlich mit seiner Krone auf dem Kopf. Ich habe sie ihm vom Kopf wegstehlen müssen!«

»Ausgezeichnete Arbeit«, brummte der Keiler. »Ich muß schon sagen, das macht dir so schnell keiner nach, Waschbär!« Und der Fuchs, der anscheinend der Hauptmann der Bande war, sprach: »Nun gut, hiermit bist du ein Mitglied unseres Vereins, Waschbär! Morgen abend starten wir zur Entspannung ein neues Unternehmen. Und zwar werden wir zu den Kaninchenhöhlen gehen und uns ein paar leckere Kaninchen fangen. Zur Belohnung, sozusagen! Mmmm, ich kann sie fast schon riechen, diese köstlichen Tierchen!« Mimi und Sebastian erschraken. Der Fuchs hatte zweifellos sie gerochen. Sie hatten große Angst, entdeckt zu werden. Zitternd, aber ganz, ganz leise schlichen sie zum zweiten Ausgang der Höhle und rannten Hals über Kopf nach Hause. Dort weckten sie aufgeregt alle Kaninchen und erzählten ihnen, was sie in der Räuberhöhle erlauscht hatten. Ein Kaninchen holte Wenzel, den Bär. Und der empfing am nächsten Abend das Diebsgesindel in gebührender Weise…

Felix Pandabär

Im Garten der beiden Mäuse Tim und Tom wuchs ein großer, gelber Kürbis. Die zwei Mäuse gingen oft in den Garten und bewunderten ihn. Manchmal setzten sie sich auch auf den Kürbis und spielten Reiter und Pferd. Eines Tages, als sie wieder auf dem Kürbis saßen, kam Felix, der Pandabär, vorbei. Felix war ein sehr gutmütiger Bär. Ein richtiger Tolpatsch. Außerdem glaubte er alles, was man ihm sagte.

»Felix, komm her und reite mit!« rief Tim.

»Gern«, sagte der Bär und setzte sich hinter den Mäusen auf den Kürbis.

»Hü!« rief Tom. »Jetzt reiten wir durch den Wald! Und jetzt über eine Brücke! Klapp, klapp, klapp.«

»Aber wieso denn?« sagte Felix-Bär. »Wir bewegen uns doch gar nicht.«

»Natürlich nicht!« Die Mäuse lachten. »Das ist doch bloß ein Kürbis, Felix, das siehst du doch. Wir spielen nur.«

»Ach so«, sagte Felix.

Als die drei genug geritten waren, spielten sie Flugzeug. Danach stellten sie sich vor, daß der Kürbis ein Schiff sei und daß sie über das Meer segelten.

Sie hatten sehr viel Spaß mit dem Kürbis. Zwei Wochen später begann der Kürbis zu faulen, da warfen ihn die Mäuse einen Abhang hinunter.

»Schade«, sagte Tom. »Aber nächstes Jahr pflanzen wir wieder Kürbisse. Vielleicht wächst dann wieder so ein schöner großer!«

Drei Tage darauf gingen Tim und Tom Pilze suchen. Sie überquerten dabei die Brücke über den Wildbach. Plötzlich kam ein gelbes, rundes Ding den reißenden Bach herabgeschossen. Die beiden Mäuse glaubten zu träumen, als sie Felix Pandabär erkannten, der in dem Ding saß! Das Ding war nichts anderes als der Riesenkürbis, den Felix offenbar ausgehöhlt hatte. Zisch – da war Felix-Bär schon unter der Brücke durchgeschwommen und brauste schlingernd den Wasserfall hinunter.

»O Gott«, sagte Tim. »Wenn ihm nur nichts passiert ist!« Die Mäuse liefen das Bachufer hinunter. Unterhalb des Wasserfalls fanden sie Felix-Bär vollkommen unversehrt in ruhigem Wasser schwimmen.

»Felix! Bist du verrückt?!« riefen die Mäuse aufgeregt. »Was machst du da? Bist du von allen guten Geistern verlassen?«

»Wieso denn?« sagte Felix-Bär ganz unschuldig. »Ich spiele Schiff. Wollt ihr mitfahren?«

Das Haus der Bisamratte

Gustav, die Bisamratte, wohnte mitten in einem Sumpfgebiet. Wer Gustav besuchen wollte, mußte entweder ein Boot mieten oder ein guter Schwimmer sein. Gustavs Haus stand nämlich im Wasser! Aus diesem Grund bekam er nur selten Besuch. Aber das war ihm nur recht. Gustav Bisamratte liebte die Einsamkeit. Er war nämlich ein Schriftsteller und Dichter! Je berühmter er geworden war, desto mehr wußte er die Abgeschiedenheit seines Häuschens zu schätzen. Gustav genoß es, gleichzeitig berühmt und einsam zu sein. Er konnte sich nichts Schöneres vorstellen. Je einsamer er war, desto lebendigere Geschichten konnte er erfinden. Vergangenen Sommer zum Beispiel hatte Gustav einen dicken Seeräuberroman geschrieben. Ach, das war eine schöne, ruhige Zeit gewesen! Nur die Frösche hatten im Schilf gesungen, doch die störten Gustav nicht. Er liebte die Lieder der Frösche.
Drei Monate lang hatte Gustav an dem Roman gearbeitet, dann war er fertig gewesen. Jetzt ist es Zeit für einen kleinen Urlaub, hatte Gustav gedacht. Er hatte Fensterläden und Haustür fest verschlossen und war für zwei Wochen zu seinen Verwandten, den Murmeltieren, in die Berge gereist. Als Gustav wieder zurückgekommen war, mußte er einen großen Schreck erleben! In sein Haus war während seiner Abwesenheit eingebrochen worden! Die Tür war aufgesprengt, und in den Räumen lag alles drunter und drüber. Nun gut, Schriftsteller sind meistens arme Leute; viel Geld wird man selten in ihren Wohnungen finden. Auch Gustav lebte äußerst bescheiden. Doch die unverschämten Einbrecher hatten seinen handgeschriebenen Seeräuberroman gestohlen! Nun mußte er das ganze Buch neu schreiben. Besonders hart war das, weil Gustav Linkshänder war und sehr, sehr langsam schrieb.
Die Eule, die in einem unteren Zimmer seines Hauses wohnte, war zur Zeit des Einbruchs gerade unterwegs gewesen. Sie konnte die Diebe leider nicht beschreiben.
Gustav begann also den Roman ganz von vorn. Das war im September gewesen. Nun war es November geworden, und Gustav Bisamratte war wieder am Ende des Buches. Der Herbstwind wehte die Blätter von den Bäumen. Sie umtanzten das einsame Haus wie ein Schwarm lustiger Vögel. Noch schien die Sonne mild, aber bald würde es kälter werden, und Gustav mußte die Winterfenster vom Dachboden holen. Gerade, als Gustav einen schwungvollen Schlußsatz schrieb, hörte er unten vor dem Haus seinen Namen rufen. Es war Wenzel, der Bär, mit zwei jungen Kaninchen. »Gustav!« rief Wenzel. »Wir haben deinen Seeräuberroman gefunden! Der Fuchs hatte ihn in seiner Höhle! Ich habe die Räuberbande verjagt, und da lag dann dein Buch mit Name und Adresse. Wir haben deinen Roman auch gelesen! Er war so spannend, daß wir nicht mehr aufhören konnten, sonst wären wir schon früher gekommen.« Gustav wußte nicht, ob er sich ärgern oder freuen sollte, als er das hörte.

Neun Mäuse haben sich versteckt!

Die Blätter wurden gelb und braun und fielen von den Bäumen. Es war tiefer Herbst. Günter Dachs hatte seinen Bau mitten im Wald. Jeden Tag kam er heraus, um die letzten warmen Sonnenstrahlen zu genießen und die herrlich bunten Laubkronen der Bäume zu bestaunen.

Vorräte für den Winter hatte Günter Dachs schon genügend eingelagert. Er konnte der kalten Jahreszeit gelassen entgegensehen.

Immer mehr Blätter fielen von den Bäumen. Die Lichtung vor Günters Höhle war knietief mit Laub bedeckt. Ich werde das Laub ein bißchen zusammenkehren, dachte der Dachs. Vielleicht bekomme ich noch Besuch, wer weiß? Und dann ist es besser, wenn es vor meiner Haustür sauber ist.

Er sammelte die Blätter zu zwei großen Haufen und ging dann in seinen Bau hinunter, um Zündhölzer zu holen. Als Günter wieder an die Oberfläche kam, sah er, daß jemand die Laubhaufen auseinandergewühlt hatte. Der Wind konnte das nicht gewesen sein, denn es war vollkommen windstill.

Gewiß haben das die Mäuse getan, dachte der Dachs. Immer müssen sie ihren Schabernack mit mir altem Dachs treiben!

Günter Dachs kehrte das Laub aufs neue zusammen und ging wieder in seinen Bau. Er kam aber sofort wieder heraus, um die frechen Mäuse beim Zerstreuen des Laubs zu ertappen. Da sah er gerade noch einige kleine Schatten, die sich bei seinem Erscheinen blitzschnell versteckten. »Kommt hervor!« rief der Dachs. »Ich weiß, daß ihr hier seid! Ich verspreche, daß ich euch nichts tun werde!«

Doch die Mäuse rührten sich nicht.

Eine Krähe hatte alles beobachtet. Sie wußte, wo sich die Mäuse versteckt hatten. Es waren sechs graue und drei braune Mäuse. Wird Günter Dachs die neun Übeltäter finden? Wer weiß? Aber du findest sie bestimmt!

Der Rabe im Schnee

Wenige Tage vor Weihnachten wurde es plötzlich eisig kalt, und es begann heftig zu schneien.
Siegfried, der Eichkater, und Jeremias, der Mäuserich, saßen in ihrem gut geheizten Turmhaus und schauten aus dem Fenster. Der Teich vor dem Turm war zugefroren, und die Landschaft war bald mit einer dicken Schneedecke überzogen.
Im Turmhaus bollerte der Ofen und verbreitete mollige Wärme.
»Dieses Jahr haben wir weiße Weihnachten!« freute sich Jeremias.
»Ja«, sagte Siegfried. »Aber ich habe Sorge, daß uns das Brennholz ausgehen könnte, wenn es weiterhin so kalt bleibt. Wir sollten in den Wald gehen und Reisig sammeln, Jeremias.«

Die beiden holten ihren Schlitten hinter der Treppe hervor und zogen los. Im Wald angekommen, klaubten sie dürre Ästchen zusammen und luden sie auf den Schlitten. Doch Siegfried und Jeremias hatten die Kälte unterschätzt. Trotz der Bewegung, die sie sich beim Reisigsammeln machten, wurde ihnen bald so kalt, daß sie ihre Pfoten nicht mehr spürten. Sie beschlossen daher, rasch heimzukehren, bevor sie sich vielleicht Erfrierungen holten.
Als sie den Wald verließen, sah Siegfried plötzlich etwas Schwarzes im Schnee liegen. Es war ein halberfrorener Rabe! Er lag auf dem Rücken und war schon ganz steif. Aber er lebte noch! Seine Augen waren offen, und ab und zu blinzelte er.
Siegfried und Jeremias luden den armen Raben auf ihren Schlitten und zogen ihn, so rasch sie konnten, nach Hause. Sie trugen den Raben ins Turmzimmer und setzten ihn neben den Ofen. Dort begann er langsam aufzutauen. Jeremias kochte Kräutertee, und Siegfried massierte die starren Beine des Vogels. Sie flößten ihm vorsichtig den Tee ein, und bald darauf ertönte das erste, heisere »Kraaaah!«. Nun wußten die beiden, daß der Rabe gerettet war. Anschließend steckten sie ihn ins Bett und deckten ihn gut zu.
»Am Weihnachtsabend ist er bestimmt wieder ganz gesund!« sagte Jeremias zuversichtlich.
Der Wind heulte schauerlich um den Turm. Siegfried legte ein paar Scheite in den Ofen, dann gingen die beiden ebenfalls schlafen.

Wenzel-Bär und Weihnachten

Wenzel, der Bär, hatte beschlossen, den kommenden Winter im Tal zu verbringen. Vergangenen Winter war er in seiner Höhle, hoch oben in den Bergen, gewesen und hatte unter der Einsamkeit dort oben sehr gelitten. Bären lieben zwar die Berge und die tiefen Höhlen unter den mächtigen Felsen, aber Wenzel hatte gern Gesellschaft. Im Sommer hatte Wenzel im Nadelwald eine andere Höhle gegraben. Sie war recht behaglich. Moos wuchs ringsum, und vor allem wohnten viele Tiere im Wald. Nun war es Dezember geworden. Zwei Tage vor dem Heiligen Abend hatte es zu schneien begonnen. Wenzel-Bär machte in seiner Höhle einige Pakete für seine Freunde. Es waren nur Kleinigkeiten, die er einpackte, aber sie kamen von Herzen, und das ist ja das Wichtigste beim Schenken.

Am Abend des 24. Dezembers bepackte sich Wenzel mit all den Paketen und zog los. Zuerst ging er zu den Kaninchen. Leider paßte er in ihre Höhle nicht hinein. Aber das wollte Wenzel auch gar nicht. Er ließ die Pakete in den Bau hinunterrutschen, rief noch »Fröhliche Weihnachten!« hinterher, und ging dann zu Gustav Bisamratte. Der Teich, in dem Gustavs Haus stand, war zugefroren, so daß Wenzel kein Boot benutzen mußte. In Gustavs Haus paßte der große Bär zwar ebenfalls nicht hinein, doch Gustav schlang sich einen warmen Künstlerschal um den Hals und kam heraus. In der Hand trug er eine Flasche Slibowitz und zwei Gläser. »Fröhliche Weihnachten, Wenzel!« rief er gut gelaunt. »Hier, trink einen Schluck Schnaps, der wärmt!«
»Fröhliche Weihnachten auch dir, lieber Gustav!« sagte Wenzel-Bär. »Eine Bärenkälte ist das. Vielleicht schneit es heute noch? Wie steht's mit deinem Roman, du Schriftsteller? Ist er ein Bestseller geworden?«
»Kann noch nichts sagen«, sagte Gustav. »Er wird eben gedruckt. Aber inzwischen habe ich schon wieder ein neues Buch angefangen. Eine Detektivgeschichte. Du kommst auch drin vor, Wenzel!«
»Oh, ich bedanke mich für die große Ehre!« sagte Wenzel-Bär und verbeugte sich. So plauderten sie noch eine Weile, und schließlich verabschiedeten sie sich mit den besten Wünschen.

Wenzel ging in den Wald zurück. Ein Paket hatte er noch abzugeben. Nämlich an seine nächsten Nachbarn, zwei kleinen Eichhörnchen. Der Schnee knirschte unter Wenzels breiten Füßen. Der Himmel wölbte sich dunkel über ihm. Ja, es war wirklich Weihnachten!
Als Wenzel durch den Wald ging, begann es zu schneien. In dicken, pelzigen Flocken fiel der Schnee zur Erde. Die zwei Eichhörnchen wohnten in einer hohen Fichte. Wenzel fand ihre Wohnung leicht. Sie hatten nämlich eine Kerze auf einen Ast gestellt und angezündet.
»Hallo!« rief Wenzel hinauf. »Fröhliche Weihnachten! Ich habe euch ein Paket mit Dörrpflaumen mitgebracht. Mögt ihr die?«
»Ja, sehr!« riefen die Eichhörnchen. »Hier, Wenzel, von uns kriegst du einige Nüsse. Fröhliche Weihnachten!«

Editorische Notiz

Dieses Bilderbuch hat Erwin Moser aus seinen (vergriffenen) ›Kalendergeschichten‹ von 1985 und 1986 neu zusammengestellt. Die Titelvignetten und die Bilder der Titelseiten wurden neu gezeichnet; alle Erzähltafeln sind neu reproduziert und dem Format entsprechend verkleinert. Alle Geschichten wurden vom Autor überarbeitet oder neu geschrieben.

9. Auflage, 85.–104. Tausend, 1991
© 1986 Beltz Verlag, Weinheim und Basel
Programm Beltz & Gelberg, Weinheim
Alle Rechte vorbehalten
Einband und Titelzeichnung von Erwin Moser
Gesamtherstellung Druckhaus Beltz, 6944 Hemsbach
Printed in Germany
ISBN 3 407 80334 6